2ª edição
3.000 exemplares
Do 20º ao 23º milheiro
Junho/2022

© 2016-2022 by Boa Nova Editora

Capa e projeto gráfico
Juliana Mollinari

Diagramação
Juliana Mollinari

Revisão
Paulo César de Camargo Lara
Alessandra Miranda de Sá

Assistente editorial
Ana Maria Rael Gambarini

Coordenação Editorial
Ronaldo A. Sperdutti

Impressão
Gráfica Paulus

Todos os direitos reservados.
Nenhuma parte desta obra pode ser
reproduzida ou transmitida por qualquer
forma e/ou quaisquer meios (eletrônico ou
mecânico, incluindo fotocópia e gravação) ou
arquivada em qualquer sistema ou banco de
dados sem permissão escrita da Editora.

O produto da venda desta obra é
destinado à manutenção das
atividades assistenciais da Sociedade
Espírita Boa Nova, de Catanduva, SP.

1ª edição: Novembro de 2016 - 20.000 exemplares

A BUSCA DO
MELHOR

Francisco do Espirito Santo Neto ditado por Hammed

Instituto Beneficente Boa Nova
Entidade coligada à Sociedade Espírita Boa Nova
Av. Porto Ferreira, 1.031 | Parque Iracema
Catanduva/SP | CEP 15809-020
www.boanova.net | boanova@boanova.net
Fone: (17) 3531-4444

Dados Internacionais de Catalogação na Publicação (CIP)
(Câmara Brasileira do Livro, SP, Brasil)

Hammed (Espírito).
  A busca do melhor / ditado por Hammed ;
[psicografado por] Francisco do Espírito Santo
Neto. -- Catanduva, SP : Instituto Beneficente
Boa Nova, 2016.

  ISBN 978-85-8353-063-3

  1. Espiritismo 2. Psicografia I. Espírito Santo
Neto, Francisco do. II. Título.

16-07630   CDD-133.93

Índices para catálogo sistemático:

1. Mensagens psicografadas : Espiritismo   133.93

SUMÁRIO

O espírito Hammed 7

Introdução – A busca pelo melhor 11

1 – A vida do outro 15

2 – Autorrevelação 19

3 – Confiança sempre 21

4 – Crenças ultrapassadas 23

5 – Crises do coração 25

6 – Culpa 29

7 – Desapego 33

8 – Deus em ti 37

9 – Deus permite 39

10 – Alexitimia 43

11 – Dons Naturais 47

12 – A cada novo dia 51

13 – Fatalidade 53

14 – Fazer tudo para todos 57

15 – Felicidade 59

16 – Fora te procurei, dentro te encontrei 63

17 – Força interior 67

18 – Grão de trigo 69

19 – Lucidez 71

20 – A união faz a força 75

21 – Mitomania 79

22 – Momento presente 83

23 – Mundo dos espertalhões 85

24 – Nada é permanente 89

25 – Não há outra forma 93

26 – Amas o teu desejo 97

27 – O que importa é o hoje 99

28 – Obstáculos à autonomia 103

29 – Pão da vida 107

30 – Programação divina 109

31 – Reflexão sobre a vingança 111

32 – Reino dos céus versus cidades espirituais 115

33 – Silenciar – A segura orientação 119

34 – Simplesmente feliz 123

35 – Singularidade e amor 127

36 – Sobre credibilidade ou aval das mensagens ... 129

37 – Submissão 133

38 – Tuas dores 135

39 – Ouvidos de ouvir 137

40 – Respeito por si e pelo outro 141

41 – Felicidade se conquista 143

42 – Não ceda à crítica 147

43 – Experiências de infância 149

44 – Assistir a reuniões ou aprender ouvir e pensar 153

45 – Inquietações 157

46 – Mudança de paradigma 161

47 – O homem que se descobriu 165

48 – O que dizem que eu sou 169

49 – Seja você mesmo 173

O ESPÍRITO HAMMED[1]

Recordo-me de que, no final de 1972, registrei pela primeira vez a presença amiga do meu Instrutor Espiritual, Hammed.

Experimentei, durante todo o tempo em que transmitia suas palavras pela psicofonia semi-inconsciente, uma sensação nova, que me envolveu o coração numa serena atmosfera fluídica.

Uma paz imensa tomou conta de todo o recinto, envolvendo os que ali participavam das tarefas da noite.

Ele afirmava nesse encontro que seus laços afetivos se prendiam de modo vigoroso aos elementos do grupo ali presentes, e particularmente se dirigiu a

---

[1] NOTA: Lê-se Raméd (palavra de origem árabe).

mim, reiterando os vínculos espirituais que tínhamos, decorrentes das diversas experiências que juntos vivemos nos muitos séculos das eras distantes.

Oportunamente, soube outras particularidades de nossas encarnações, através dos constantes contatos mediúnicos com ele, em que dizia, entre outras coisas, que, antes da Era Cristã, já tínhamos vivido várias vezes juntos no Oriente e, especificamente, na milenar Índia.

Hammed é o pseudônimo que ele adotou, alegando sentir-se assim mais livre para desempenhar os labores espirituais que se propôs a realizar na atualidade.

Mais tarde, também me confidenciou que, na França do século XVII, participou do movimento jansenista, precisamente no convento de Port-Royal des Champs, nas cercanias de Paris, como religioso e médico.

Costuma mostrar-se espiritualmente, ora com roupagem característica de um indiano, ora com trajes da época do rei francês Luís XIII. Em meus encontros com ele durante o sono, pude guardar com nitidez seu semblante sereno e ao mesmo tempo firme, o que facilitou a descrição precisa que fiz ao pintor catanduvense Morgilli, que o retratou em 1988 com muita originalidade.

Hammed tem sido para mim não somente um mestre lúcido e lógico, mas também um amigo dedicado e compreensivo.

Recebo sempre suas lições com muita atenção e carinho, porque ele tem mostrado possuir uma sabedoria e coerência ímpares, quando me orienta sobre fatos e ocorrências inerentes à tarefa na qual estamos ligados no Espiritismo.

Explica-me demoradamente, quando preciso, as causas reais dos encontros, reencontros e desencontros com as criaturas e o porquê das dores e conflitos do hoje, mostrando-me sempre a origem dos fatos – verdadeiros motivos que culminaram nos acontecimentos agradáveis e desagradáveis do presente.

Portanto, não poderia deixar de vir publicamente, no limiar deste livro, agradecer ao meu querido Benfeitor Espiritual todas as bênçãos de entendimento e paz que ele me tem proporcionado, bem como rogar ao Senhor da Vida que o abençoe e o ilumine agora e para sempre.

Catanduva, 4 de julho de 1997.

Francisco do Espírito Santo Neto

Texto extraído do livro Renovando Atitudes.

INTRODUÇÃO

A BUSCA PELO MELHOR

"Pedi e se vos dará; buscai e achareis; batei à porta e se vos abrirá; porque todo aquele que pede recebe, quem procura acha, e se abrirá àquele que bater à porta..."
"... mas Deus lhe deu, a mais do que ao animal, o desejo incessante do melhor, e é este desejo do melhor que o impele à procura dos meios de melhorar sua posição..."

(O Evangelho segundo o Espiritismo – Capítulo 25 – itens 1 e 2 – Boa Nova Editora)

Depois da morte física, a alma segue em uma busca incessante pelo autodescobrimento. Não há como cessar o trabalho de aprimoramento; tudo continua sendo convite, esforço e dedicação...

Há vários anos, em nossas reuniões mediúnicas na Casa Boa Nova, é comum receber perguntas ou dúvidas escritas em papeletas avulsas. São questionamentos provenientes de companheiros espiritualmente embaraçados, solicitando orientações aos Benfeitores Espirituais que estão presentes nas tarefas de psicografia. Esses irmãos expõem questionamentos existenciais, conflitos e dores morais, à espera de respostas que lhes tragam alívio e paz a seu mundo interior.

Convém dizer que as indagações a que nos referimos são a principal matéria de exame de nosso grupo, cujo objetivo maior não é dar respostas rápidas, e sim perscrutar, ou seja, investigar profundamente a intencionalidade das perguntas formuladas. Como diz Voltaire: "Julgue-se um homem mais pelas suas perguntas do que pelas suas respostas".

As questões que são apresentadas nos levam, em muitas ocasiões, ao foco da principal inquietação do ser humano e, a partir daí, nos conduzem à aptidão para melhor compreender as dificuldades expostas em cada questionamento. Aliás, temos aprendido que podemos conhecer melhor os desgostos de um homem pelas perguntas que ele faz do que pelas respostas que ele espera.

Nós, juntamente com outros amigos da espiritualidade, que fazem parte deste grupo de estudos filosóficos e espirituais, realizamos semanalmente avaliações minuciosas sobre os trabalhos e ponderamos com prudência a respeito das dores da alma. Os notáveis resultados e as sintéticas conclusões dessas reflexões incentivaram a ideia da publicação do material compilado, entregue agora aos amigos leitores para apreciação ou exame valorativo.

A intencionalidade desta obra é fornecer maior discernimento e lucidez ao público leitor que já acompanha durante certo tempo a forma como enfocamos ou interpretamos a vida, fora e dentro de nós.

Esperamos que as "mensagens de solução" aqui propostas consigam influenciar novos questionamentos na busca incessante por vivermos melhor.

Desejamos que estas páginas possam preencher o vazio existencial que vige em cada coração, dando esperança e recuperação onde haja esmorecimento.

Por fim, rogamos aos céus dizendo: "Senhor! Ensina-nos a encontrar claridade na luta construtiva, descanso no trabalho edificante e confiança em Tua seara de amor junto aos homens, para que nossos conceitos de hoje possam sofrer amanhã profundas alterações para melhor".

Hammed

1

A VIDA DO OUTRO

"[...] Primeiro, são vossas leis que são erradas, por que crês que Deus te constrange a ficar com aqueles que te descontentam? E, depois, nessas uniões, frequentemente, procurais mais a satisfação do vosso orgulho e da vossa ambição, do que a felicidade de uma afeição mútua; suportareis, então, a consequência dos vossos preconceitos."

(O Livro dos Espíritos – Questão 940 – Boa Nova Editora)

Sofres imensamente o abandono de alguém.

Retirou-se de tua vida repentinamente, sem nenhuma explicação plausível.

Buscas consolo e conformação, razão e sentido para tal acontecimento.

Não te esqueças, porém, de que todos, sem exceção, são livres para ficar, ou não, ao lado de alguém.

Pessoas mudam e buscam novas experiências...

Talvez essa que partiu estivesse exausta de estar onde estava...

Não queria mais viver como estava vivendo.

Cada um de nós tem vontade própria; assim sendo, não temos controle sobre ninguém.

Pior que a rejeição é desvalorizar a si mesmo. Quando somos rejeitados por alguém, a agonia é transitória; quando desprezamos a nós mesmos, a aflição é constante.

Buscas sinceramente o porquê do teu sofrimento?

O que te machuca, irmão?

Será que é a dor da falta do outro, ou a dor da própria solidão?

Se alguém se recusa a partilhar contigo a existência, é inútil insistir.

Valida o direito que todo ser humano tem de viver com quem e como deseja.

Não tentes resolver a vida ou entender o que o outro fez, por mais querido e íntimo que ele seja...

Entende e resolve a tua vida; a do outro, que partiu, talvez tenha sido resolvida e por ele entendida.

2

AUTORREVELAÇÃO

*"Não é o que entra pela boca
que contamina o homem,
mas sim aquilo que, impropriamente,
lhe sai do coração."*

(Mateus, 15:11)

Podemos ser velas iluminando a estrada um do outro se aspirarmos não apenas à união externa, mas também à interna. É necessário que tenhamos comunicações abertas e honestas; antes de tudo, devemos abrir o coração aos nossos afetos e jamais esconder segredos ou mistérios a nosso respeito.

Quando transcendemos nossos medos, percebemos o que deveria ser dito e, a partir daí, nossa comunicação efetiva se faz presente, em nível de alma, e não só em nível periférico.

Não devemos nos importar com o que as pessoas pensam e falam, nem fazer consenso de opiniões, mas sim olhar para dentro de nós mesmos e seguir nosso caminho. A maioria das pessoas é tão incoerente que é impossível atender a suas exigências e solicitações; satisfazê-las é tarefa quase inconcebível.

Abramos o peito e façamos o que nosso coração achar correto, pois, de qualquer maneira, seremos questionados.

A autorrevelação, no entanto, nos tranquiliza e abranda. Quando informamos aos outros como realmente somos, virtudes se expandem em nós: autoconfiança, autoestima e autodomínio.

Não existe maior estímulo para o aprimoramento espiritual do que a decisão de contarmos – a quem amamos – absolutamente tudo sobre nós mesmos.

3

CONFIANÇA SEMPRE

"Mas quem pratica a verdade vem para a luz, a fim de que as suas obras sejam manifestas, porque são feitas em Deus."

(João 3:21)

Deus está sempre contigo; para que sintas Sua presença, basta que estejas também com Deus.

O Poder Superior trabalha em teu favor; importa que abras a porta da alma para Ele.

Fé incondicional é perceber que sempre ganhamos; isso é uma Lei Maior. Fé é acreditar com absoluta certeza que a Fonte Superior está sempre nos abastecendo daquilo que necessitamos – uma ajuda, aliás, que ultrapassa o limite de nossa compreensão.

A Vida Providencial sempre trabalha em nosso favor. A aprendizagem, às vezes, é dolorosa, porém a recompensa é a própria vida, rica, fecunda e prazerosa.

Desencontros, dissabores, são lições de elevação espiritual.

Dores e doenças são educadoras da alma.

Não desanimes; confiança sempre.

Deus está contigo; procura também estar com Ele.

4

CRENÇAS ULTRAPASSADAS

"[...] Na infância da Humanidade, o homem o confunde, frequentemente, com a criatura, da qual lhe atribui as imperfeições. Mas, à medida que o senso moral se desenvolve nele, seu pensamento penetra melhor o fundo das coisas, e dele se faz uma ideia mais justa e mais conforme a sã razão, embora sempre incompleta."

(O Livro dos Espíritos – Questão 11 – Boa Nova Editora)

É preciso identificar padrões de pensamento deficitários e crenças ultrapassadas que vigem em nossa intimidade, pois muitas de nossas convicções não são fruto de nossas próprias experiências, mas transmitidas de modo acanhado, desde a infância, por pais, avós, amigos, religiosos, professores – enfim, pela sociedade.

Por exemplo, muitos de nós ainda temos noções infantis de Deus (um pai intransigente e austero; um bondoso e alegre "Papai Noel"; um policial implacável e inflexível, armado para nos castigar etc.), crenças essas que não são mais apropriadas nem suficientes para as necessidades adultas.

Todo dia temos infinitas oportunidades de desvendar as causas de nossos medos e desajustes e de descobrir antigas convicções e conceitos que ainda nos prendem, porém que não mais precisamos aceitar.

O que nos serviu ontem pode não ter mais significado hoje.

5

CRISES DO CORAÇÃO

"[...] Se a luz da verdade penetrou sua alma, ela tirará sua consolação em sua fé no futuro; de resto, à medida que os preconceitos se enfraquecerem, as causas dessas infelicidades íntimas desaparecerão também."

(O Livro dos Espíritos – Questão 940 a – Boa Nova Editora)

Sentimentos nublados saem de teu plexo cardíaco, amargurando-te penosamente.

Tens desilusão e sofres com a soledade. Sentes falta de alguém junto de ti, que possa compartilhar tuas alegrias e tuas dores, uma alma companheira e querida que te nutra de esperança e amor.

Em muitas circunstâncias, a necessidade de uma descoberta amorosa torna-se uma compulsão, agravada pela pressão social da vida a dois. Quando a criatura não consegue realizar tal façanha, trava verdadeira guerra contra os conflitos da própria natureza.

A busca pela formação do casal é, portanto, mais do que um assunto pessoal; é uma pressão coletiva. Não realizar esse propósito pode gerar frustrações e estados de carência e insuficiência.

Haverá períodos em que toda a tua determinação e coragem serão necessárias para poderes administrar os anseios de tua alma, jamais imaginando ou supondo as coisas de antemão, sem base objetiva e real.

Os embates íntimos sempre ocorrerão entre a realidade e o preconceito, entre a consciência e a inconsciência.

Não te prendas aos preconceitos referentes ao afeto e à afeição. Busca renovar teus conceitos de amor, não somente quanto aos outros, mas também em relação a ti mesmo.

Ninguém pode viver a tua vida; as pessoas devem servir de espelhos em nossa caminhada, mas não são "itens de primeira necessidade". Necessitar é diferente de compartilhar.

Nenhuma criatura é teu salvador, por isso, não peças amor; dá amor sempre e não te prendas a ilusões nem exijas dos outros mais do que eles possam te dar...

6

CULPA

*"Não era ele a luz, mas para que testificasse da luz.
Ali estava a luz verdadeira, que ilumina
a todo o homem que vem ao mundo.*

(João 1: 8,9)

Na culpa, há onipotência, pretensão e orgulho. Altas expectativas para nós mesmos e para os outros podem nos trazer culpa e decepção. A culpa sempre vem acompanhada de perfeccionismo, que nos faz acreditar que deveríamos saber mais do que sabemos, ou escolher melhor do que escolhemos. Algumas consequências da culpa são:

• esfacelamento da autoestima;

• forte hesitação em dizer não, sempre desconfiando da decisão tomada;

• servilismo à vontade alheia;

• tendência a enxergar só o lado negativo das pessoas;

• medo inexplicável;

• ocultação de sentimentos, para suportar dificuldades;

• depressão, tristeza contumaz;

• ansiedade sem razão clara;

• fuga para o álcool e as drogas;

• compulsão alimentar e sexual;

• recusa em sentir prazer; além de outras tantas dificuldades emocionais.

Diante das experiências da vida, o mais indicado é avaliarmos o ocorrido e nos responsabilizarmos pela parte que nos compete, sem nunca nos culparmos de modo discriminatório, pois a culpa nos faz permanecer impotentes, no papel de vítima, enquanto a responsabilidade, a consciência, a lucidez e o discernimento fazem exatamente o contrário.

Trabalhemos nossos pontos fracos, abandonemos o ciclo perverso que a culpa nos impõe e renovemos nossa casa íntima; agindo assim, venceremos.

7

DESAPEGO

"Há duas espécies de afeições: a do corpo e a da alma, e, frequentemente, se toma uma pela outra. A afeição da alma, quando pura e simpática, é durável; a do corpo é perecível. Eis porque, frequentemente, aqueles que creem se amar, com um amor eterno, se odeiam quando a ilusão termina."

(O Livro dos Espíritos – Questão 939 – Boa Nova Editora)

Tudo passa na Terra; só permanecerão as coisas do céu.

Passam cônjuges e filhos, mas permanecerá a família universal.

Passam as características da juventude, para atingirmos o amadurecimento pessoal.

Passam construções de alvenaria, para edificarmos em nós obras imortais.

Passam impérios e poderes de mão em mão, para valorizarmos os do coração.

Passam vestimentas e joias raras, para aprendermos a apreciar valores éticos.

Passam nacionalidades e costumes, para alcançarmos a cidadania cósmica.

Passa o gênero atual, para galgarmos a plenitude da ambiguidade da alma.

Passam valores moralistas, para consolidarmos na intimidade conceitos universais.

Passam títulos e diplomas, para permanecermos na impessoalidade.

A transitoriedade é incontestável valor do espírito.

A vida física é como as nuvens do céu: transforma-se incessantemente, ora mostrando o brilho do sol, ora mostrando a escuridão das tempestades.

Tudo passa, tudo é instável; nada é constante ou imutável na vida terrena.

Construa e elabore sua individualidade, vivendo bem consigo mesmo.

Faça seu melhor hoje, pois só isso lhe garantirá o bem-estar amanhã.

Quem se prende na exterioridade, ou seja, nas coisas de fora, muitas vezes se olvida de que, no final das contas, ninguém fica com o papelete do embrulho, mas sim com o que importa de fato: o conteúdo.

Um dos maiores absurdos da vida é acreditarmos que temos a posse de tudo, quando, na verdade, não somos donos de nada, mas apenas hóspedes transitórios. Incoerente é viver apegado às coisas exteriores e, ao mesmo tempo, buscar ardentemente a paz interior.

8

DEUS EM TI

"Naquele dia conhecereis que estou em meu Pai, e vós em mim, e eu em vós."

(João 14:20)

Deus te ama.

Deus te ampara.

Deus te orienta.

Deus te norteia.

Deus te inspira.

Deus te estimula.

Ele também espera que dês tua contribuição, na cota que te cabe cumprir. Portanto, é indispensável que:

te ames,

te ampares,

te orientes,

te norteies,

te inspires,

te estimules.

Lembra-te das recomendações do apóstolo João; "Naquele dia conhecereis que estou em meu Pai, e vós em mim, e eu em vós." (João 14:20)

Deus te guarda, mas espera também que te guardes de todo o mal.

9

DEUS PERMITE

"Procurai viver com serenidade, ocupando-vos das vossas próprias coisas e trabalhando com vossas mãos, como vo-lo temos recomendado. É assim que vivereis honrosamente em presença dos de fora e não sereis pesados a ninguém."

(I Epístola de Paulo aos Tessalonicenses, 4:11,12)

Deus permite o erro para que possamos adquirir melhoria.

Deus permite a ilusão para que possamos perceber a realidade.

Deus permite o descontrole para que possamos atingir o equilíbrio.

Deus permite o egoísmo para que possamos alcançar o altruísmo.

Deus permite atos maus para que possamos aprender atos bons.

Deus permite a sovinice para que possamos legitimar a generosidade.

Deus permite o sarcasmo para que possamos fortalecer a paciência.

Deus permite a enfermidade para que possamos respeitar o corpo e valorizar a saúde.

Deus permite a morte física para que possamos desvendar os mistérios da vida imortal.

Deus permite as trevas da noite para que possamos alegrar-nos com a luz do dia.

Deus permite as aflições para que possamos descobrir novas esperanças.

Deus permite a liberdade de trilharmos na sombra ou na luz, para que possamos obter o mais alto nível de entendimento de uns para com os outros.

Não solicitemos prêmios, não perguntemos por resultados; cada dia tem a sua lição; cada experiência deixa o valor correspondente; cada dificuldade obedece a objetivo definido.

Deus permite as mãos no trabalho para vivermos "honrosamente em presença dos de fora" e não sermos pesados a ninguém. Deus permite a vida própria para que possamos viver a própria vida.

10

ALEXITIMIA

"Jesus pois, quando a viu chorar, e também chorando os judeus que com ela vinham, moveu-se muito em espírito, e perturbou-se. E disse: Onde o pusestes? Disseram-lhe: Senhor, vem, e vê. Jesus chorou."

(João 11: 33–35)

Não devemos temer nenhum dos nossos sentimentos, nem mesmo aquele que acreditamos ser o pior deles. Antes de nos censurarmos por senti-lo, tomemos a decisão do que fazer com ele.

A criatura humana que constantemente nega suas sensações íntimas não as destrói, mas perde a capacidade de administrá-las ou aprimorá-las.

Conter a alma é ignorar o sentir; é não dar nenhum valor aos sentimentos, concedendo sempre um crédito desmedido ao sentir dos outros, em detrimento dos próprios valores e potencialidades internas.

Abafar ou negar as emoções pode nos trazer consequências desagradáveis, criando em nós um campo fértil para que transtornos emocionais se instalem e se desenvolvam. O antídoto para combater esses conflitos é verbalizar, ou seja, dizermos o que estamos sentindo, sem medo de dividir isso com os outros.

Alexitimia é o nome que se dá a uma marcante dificuldade em verbalizar emoções, expor sentimentos, bem como em narrar sensações corporais. O termo provém do grego – *A* sugere ausência; *lexis*, palavra; e *timia*, emoção.

Pessoas que sofrem de alexitimia ignoram o que sentem, sem saber, portanto, como dizê-lo com palavras, não distinguindo uma emoção de outra; também desconhecem que têm uma carência: a capacidade de reconhecer e expressar suas emoções. Atribuem o mal-estar que sentem a algo que comeram ou beberam, distanciando de si, dessa forma, o real motivo da sensação desagradável, que na verdade é a agitação íntima. Não possuem consciência de seus problemas internos e se veem tranquilas e adaptadas no quesito emocional, apesar de estarem extremamente bloqueadas em uma das áreas mais importantes da vida: a sentimentalidade.

O hábito de rejeitarmos frequentemente a emotividade que emerge de nosso mundo interior nos faz perder a capacidade de avaliar de forma correta nossos sentimentos. Por consequência, isso poderá intervir ou afetar o diálogo lúcido e apropriado com nós mesmos e com nossos semelhantes.

11

DONS NATURAIS

"[...] Não cesso de agradecer a Deus por vós, pela graça divina que vos foi dada em Jesus Cristo. Nele fostes ricamente contemplados com todos os dons, com os da palavra e os da ciência, tão solidamente foi confirmado em vós [...]."

(I Coríntios, 1:4–6)

Não vivas como pedinte diante da Divina Providência, nem mendigues constantemente proteção e paz. Antes de tudo, lança mão dos dons divinos que já existem em teu interior e conquista o que buscas, porque tens a força de que necessitas.

Procura te libertar da crença de que a vida é muito penosa, difícil e complicada. Substitui esse conceito por uma visão mais leve e otimista.

Não lastimes, não choramingues; trabalha e esforça-te; Deus está em ti.

O vitimismo é o subproduto que cria o mártir inconformado.

Somos condutores de nossa própria vida. Direcionemos, portanto, a existência para a luz, que é o fluxo divino em ação, e dentro em breve estaremos chegando ao rumo almejado.

Não precisamos demonstrar que somos indefesos, confusos e inseguros, para receber amor e atenção. De fato, o tipo de amor e atenção que desejamos não pode ser obtido dessa maneira.

Deixemos para trás a infantilidade que existe em nós e amadureçamos. Só quando adquirirmos constituição emocional e resistência psicológica próprias é que poderemos ser ouvidos e tratados com respeito e consideração, sendo supridos com o afeto que tanto buscamos.

Ao abandonarmos a necessidade de ser vítimas e lançarmos mão de nossos dons, conforme nos instrui o apóstolo dos Gentios, começaremos a ter dias melhores e a desfrutá-los abundantemente.

Avancemos!

12

A CADA NOVO DIA

"Sabei também que depende frequentemente de vós afastar esses males, ou pelo menos os atenuar. Deus vos deu a inteligência para dela vos servir, e é nela sobretudo que os Espíritos vêm vos ajudar, sugerindo-vos pensamentos propícios."

(O Livro dos Espíritos – Questão 532 – Boa Nova Editora)

Nossa vida é feita de uma sequência de escolhas. Elegemos projetos, atividades, estudos e companhias. No entanto, temos que abandonar algumas dessas escolhas feitas cegamente. São opções de vida efetuadas sem clareza nem reflexão.

Conhecimento prático é o que adquirimos ante desacertos e equívocos, pois podemos aprender muito com eles; no entanto, seremos inconsequentes se continuarmos nessa direção.

Não podemos nos considerar criaturas indefesas, atadas a inúmeros mal-entendidos. Escolher sem pensar nos levará a cometer o erro de tomar decisões equivocadas.

Não podemos jamais decidir pelos outros, nem por eles fazer opções. Devemos viver com responsabilidade e manter equilíbrio entre escolhas e consequências.

A cada novo dia, temos o direito de refazer caminhos, reavaliar atitudes e redefinir projetos; tudo está ao nosso alcance, e nada pode escapar de nossas mãos sem nosso consentimento. *"[...] um mal não é sempre um mal; frequentemente, um bem deve disso surgir, que será maior que o mal, e é isso que não compreendeis, porque não pensais senão no momento presente ou em vossa pessoa."*, conforme nos ensina: O Livro dos Espíritos[1].

Tudo pode mudar para melhor em um minuto pela vontade do espírito.

---

[1] Questão 532 – O Livro dos Espíritos – Boa Nova Editora

13

FATALIDADE

"Sem nenhuma dúvida, há leis naturais e imutáveis que Deus não pode derrogar segundo o capricho de cada um; mas daí a acreditar que todas as circunstâncias da vida estão sujeitas à fatalidade, a distância é grande."

(O Evangelho segundo o Espiritismo – Capítulo 27 – item 6 – Boa Nova Editora)

Fatalidade – atitude moral ou intelectual que sugere que tudo acontece porque tem de acontecer, sem que nada possa modificar o rumo dos acontecimentos. Destino que não se pode evitar.

A prova de que a doutrina espírita não é fatalista é que insere em seu corpo doutrinário a ideia do livre-arbítrio.

Não existem "vítimas da fatalidade"; nós é que somos os administradores do nosso destino, sendo a causa dos efeitos que ocorrem em nossa existência.

A vontade não está submetida a leis impositivas; o comportamento humano está totalmente predeterminado pelas escolhas que faz a criatura, sem as quais o sentimento de liberdade não passaria de ilusão subjetiva.

Muitos vivem atrelados a uma visão religiosa fundamentada em uma implacável condição de destino fatal.

As ocorrências da vida não são produto de mero encadeamento de causas e efeitos que vão, por si sós, acoplando-se sem nenhum tipo de interferência externa.

É bom sabermos que não existem fatos nem ocorrências existenciais produzidas por uma única ação, pois, embora possamos nos esquecer, essa mesma ação se soma a outras tantas ocorridas na noite dos tempos.

A liberdade humana é estritamente condicionada a condições biológicas, psicológicas e sociais, ou seja, a características genéticas, culturais, emocionais, assim como à tradição religiosa de cada indivíduo e ao determinismo de seu passado cármico.

Até certo ponto, somos nós que escolhemos esses valores, de acordo com nosso nível evolutivo. No entanto, precisamos igualmente perceber que, de tempos em tempos, somos levados por forças que independem de nossa vontade – cósmicas, ambientais, genéticas, políticas etc., as quais, incontestavelmente, não foram objeto claro de nosso desejo e vontade.

Nunca eleja a fatalidade como causa de suas desventuras afetivas, financeiras, sociais e de saúde. Podemos dizer que um gene ou uma crença podem influenciar ações e atitudes inadequadas que tomamos, mas não decidir imperiosamente um comportamento; na verdade, não somos conduzidos apenas por fatalidades.

O ser humano não é um vassalo impotente da genética, da cultura, da ecologia, da educação, da reencarnação, do mundo espiritual, e sim um amálgama de tudo isso, reunindo em si partes integrantes de um Plano Maior.

14

FAZER TUDO PARA TODOS

"Dai a cada um o que lhe é devido: a quem tributo, tributo; a quem imposto, imposto; a quem temor, temor; a quem honra, honra."

(Romanos, 13:7)

Ajudar o semelhante não deve ser confundido com controle da vida alheia. Quem estende a mão a outrem é agradável a Deus, afirma o Evangelho, mas isso não é o mesmo que fiscalizar ou espreitar as outras pessoas, sejam elas quem for.

Há uma linha muito tênue entre caridade cristã e intromissão na capacidade do próximo de resolver seus problemas e adquirir vida própria.

Inúmeras criaturas acreditam que seus deveres missionários são corrigir e reprimir os comportamentos alheios.

De certa forma, todos nós já conhecemos pessoas difíceis, pais dominadores, amigos manipuladores, cônjuges que adoram estar no controle de tudo. Mesmo assim, ainda temos a ousadia de querer mudar quem amamos, especialmente os membros da família.

Uma das fontes de frustração e depressão é pensar que devemos nos incumbir de tudo e de todos ao mesmo tempo, esquecendo-nos de que "[...] a cada um o que lhe é devido: a quem tributo, tributo; a quem imposto, imposto; a quem temor, temor; a quem honra, honra [...]".

Resolver conflitos e dificuldades da noite para o dia é serviço de Deus, mas oferecer o braço ao semelhante para que ele possa se apoiar ou se levantar é louvável, bem diferente, entretanto, de "pegar-lhe o braço" e forçá-lo a andar no nosso ritmo e direção.

15

FELICIDADE

"Sede felizes segundo as necessidades da Humanidade, mas que em vossa felicidade não entre jamais nem um pensamento, nem um ato que o possa ofender, ou fazer velar a face daqueles que vos amam e que vos dirigem. Deus é amor e abençoa aqueles que amam santamente."

(O Evangelho segundo o Espiritismo – Capítulo 17 – Item 10 – Boa Nova Editora)

É muito fácil culparmos um amigo ou cônjuge pela nossa má qualidade de vida. Acreditamos que, se os outros concordassem com nossos projetos e planos, ideias e ideais, tudo seria mais fácil e haveria contentamento em nossa existência.

Se alicerçamos nossa felicidade sobre coisas e pessoas, ficamos completamente vulneráveis a essas mesmas coisas e pessoas. Se queremos atingir a felicidade, não devemos procurar como muleta a companhia de alguém, pois, nesta estrada, caminhamos a sós, utilizando as próprias pernas.

Estar feliz é um estado de espírito. Se nossa mente está em uma condição de tumulto e agitação, conflito e revolta não lhe vão proporcionar felicidade. Ser feliz significa ter tranquilidade n'alma.

Quando nos sentimos firmes, estáveis e verdadeiramente seguros, deixamos que os outros pensem como queiram e sejam eles mesmos, sem tomarmos parte em algo que não nos diz respeito. Passamos a viver sem tentar conciliar tudo e todos; sem objeções, resistências ou protestos.

Sejamos donos da própria vida. Isso é tão importante e reconfortante que bem vale o esforço.

Para ser feliz, não dependemos de considerações e atitudes de outra pessoa. Também não dependemos de entrega ou entusiasmo, atenção ou zelo por parte de um ente querido. A felicidade não pode apoiar-se em fatos e comportamentos alheios fora de nosso alcance.

O indivíduo feliz alicerça as bases de sua alegria de viver sobre si mesmo, escutando seu íntimo e guiando-se pela voz da consciência.

Todos nós queremos atingir o topo da montanha, mas a possibilidade só ocorre para os que decidem escalá-la.

16
FORA TE PROCUREI, DENTRO TE ENCONTREI

"Outrossim o reino dos céus é semelhante ao homem, negociante, que busca boas pérolas. E, encontrando uma pérola de grande valor, foi, vendeu tudo quanto tinha, e comprou-a."

(Mateus, 13:45,46)

O Reino de Deus não se encontra longe, nem em outras esferas físicas, tampouco nas mais distantes dimensões espirituais... Muitas vezes, o procuramos tão longe e não o encontramos; porém, quando voltamos o olhar para dentro de nós, vamos descobri-lo ali mesmo, na própria intimidade.

Em cada uma das criaturas há um espaço que alguns chamam de imo divino, outros de consciência, outros ainda de alma – um espaço ao mesmo tempo distante e perto, de difícil acesso e, no entanto, acessível a todos; um recanto consagrado onde sempre será possível encontrar a felicidade.

Nosso âmago sagrado não é nossa mente, nem nossas emoções ou sentimentos, mas, em verdade, nossa alma – a centelha divina por meio da qual testemunhamos tudo o que ocorre dentro e fora de nós.

Jesus não agia dividido, não visualizava somente o interior ou o exterior; antes, observava o reino íntimo, ou seja, a parte mais entranhada do ser.

Há os que pensam equivocadamente que o Reino dos Céus é uma dimensão pertencente ao extrafísico e, não um estado de alma.

Não devemos nos fixar na expectativa de que, conhecendo apenas como agem e vivem os Espíritos desencarnados, tanto os superiores como os inferiores, estaremos crescendo ou nos desenvolvendo espiritualmente. A respeito disso, não nos distraiamos por mais tempo nem nos permitamos continuar nessa ilusão.

Podemos dizer, metaforicamente, que o observador é a alma, e que o objeto de observação pode ser o plano físico e o plano espiritual.

A alma encarnada vive em uma dimensão física, entretanto carrega consigo o Reino dos Céus. O espírito desencarnado pode estar vivendo em uma dimensão metafísica, entretanto transporta também consigo o Reino dos Céus.

Dos três mundos aqui citados, o essencial e o de maior importância para a evolução espiritual é o reino íntimo.

Disse Carl Jung,: "Olhe para fora e sonhe, olhe para dentro e desperte". Jesus comparou o Reino dos Céus a uma pérola de grande valor; aliás, a pérola é algo que está *dentro* da ostra, que fica *dentro* do mar.

O Reino dos Céus é de vital importância à vida do espírito, pois, quando desperto, tira-nos do sono de ignorância em que vivemos.

17

FORÇA INTERIOR

"Portanto já não és mais servo, mas filho; e se és filho, és também herdeiro por Deus."

(Gálatas, 4:7)

Não menosprezes a força interior que Deus te conferiu como dom natural.

Essa energia superior está em ti; basta somente a libertares, e esse fluxo divino te guiará perante tua própria existência.

Diante de um fato ou acontecimento, não importa o que sucedeu, mas sim a tua reação. Bom acontecimento não é o que ocorreu, mas o que absorveste ou assimilaste em decorrência disso.

Podes piorar ou suavizar tuas dificuldades. Dependendo do modo com que reages a elas:

• tua dor será sanada ou agravada;

• teu conflito, extirpado ou perpetuado;

• tua ansiedade, apaziguada ou intensificada; e

• tuas buscas encontrarão um porto seguro e feliz em conformidade com tuas percepções internas.

Busca abundantemente a luz interior e terás maior lucidez e discernimento em tua casa mental.

As soluções fluirão mais fáceis se te integrares nessa força íntima que existe em ti, pois és herdeiro de Deus. Ele habita teu âmago; busca-O, pois, e essas potencialidades divinas estarão cada vez mais transitando pela tua vida.

Agindo assim, a harmonia e a serenidade estarão contigo, reforçando o elo que te liga à Divina Providência.

18

GRÃO DE TRIGO

"[...] É como um grão de mostarda que, quando se semeia, é a menor de todas as sementes que há na terra; mas, tendo sido semeado, cresce e faz-se a maior de todas as hortaliças [...]."

(Marcos, 4:31,32)

Só e abandonado, é jogado em cova escura.

Humilde, aceita seu destino aparentemente cruel.

Tem que morrer para germinar, ressurgir do solo, sob o peso da terra e a umidade do chão.

Aceita com abnegação o destino que a Vida lhe impôs.

No entanto, passam os tempos, e um dia brota e vislumbra novamente a luz.

Cresce e amadurece, tornando-se planta forte e robusta, mas é novamente ceifado, triturado, para se transformar em massa fértil que cresce sob a ação do fogo.

Igualmente suporta, com paciência e humildade, a foice e o pilão.

Torna-se então, sem que se aperceba, um pão dadivoso; a partir daí, passa a entender todos os dissabores e aflições que padeceu.

Antes grão diminuto, depois pão generoso que serve e alimenta a todos.

A semente morre, nasce o trigo e, quando renasce, transforma-se em nutrição essencial e dadivosa.

Metaforicamente, somos todos grãos de trigo rumo a uma destinação gloriosa, metamorfoseando-nos em generoso pão.

19

LUCIDEZ

"Porque todos vós sois filhos da luz e filhos do dia; nós não somos da noite nem das trevas. Não durmamos, pois, como os demais, mas vigiemos, e sejamos sóbrios; Porque os que dormem, dormem de noite, e os que se embebedam, embebedam-se de noite. Mas nós, que somos do dia, sejamos sóbrios, vestindo-nos da couraça da fé e do amor, e tendo por capacete a esperança da salvação;"

(I Tessalonicenses 5:5–8)

"Brilhe a vossa luz" – a sugestão do Mestre é mais do que apropriada diante de:

- provas aflitivas;

- desencontros existenciais;

- enfermidades;

- perdas afetivas;

- dificuldades familiares;

- obsessão contumaz;

- dor moral;

- críticas mordazes.

É sempre muito importante orar por luz íntima, para clarificar passos e prever a via consequencial de atos e atitudes. Aliás, o silêncio é porta para a vida interior.

Só a claridade que vem de dentro é capaz de fazer ponte com a verdadeira sabedoria. É no silêncio que se conquista a lucidez, onde sobrepomos a opinião alheia e, o bom senso não míngua.

É na quietude que a alma rompe o casulo e se projeta para o encontro com o Criador.

Acendendo semelhante luz dentro de nós, poderemos ver com clareza a realidade dos fatos e acontecimentos de fora.

A flama da alma se chama lucidez; portanto, "brilhe a vossa luz" – essa é a recomendação do Cristo de

Deus para enfrentarmos todas as intempéries da existência terrena e constatarmos o apoio divino que há em tudo.

20

A UNIÃO FAZ A FORÇA

*"[...] tomai toda a armadura de Deus,
para que possais resistir
no dia mau e, havendo
feito tudo, ficar firmes [...]."*

(Efésios, 6:13)

O vento é uma das mais extraordinárias forças da natureza. Ele não pode ser evitado, pois se manifesta de formas diversas e, quando atinge determinado volume, torna-se um poder irrefreável.

O vento agrega-se facilmente e se une a outras correntes, transformando-se em ventania, a qual sopra com ímpeto e continuamente.

Devemos ser capazes de abrir mão dos nossos valores pessoais por algum tempo e de nos unir aos nossos semelhantes, atuando como elemento comum, assim como o vento faz para se transformar em vendaval.

Lamentavelmente, julgamos com facilidade as minorias e as diferenças, e isso nos induz a lutar uns contra os outros. A ignorância e a insensatez nos afastam da realidade da vida tanto quanto o preconceito.

Pela dificuldade em assimilar nossa criação divina e as inúmeras semelhanças que constituem nossa intimidade, não nos unimos uns aos outros; daí nossa falta de resistência e ânimo fraco.

A existência humana tem muitos tropeços, entretanto, a melhor de todas as armaduras de defesa para poder vencê-los chama-se... solidariedade e união. Esses são os sentimentos que compõem "[...] a armadura de Deus, para que possais resistir no dia mau e, havendo feito tudo, ficar firmes [...]".

Fortalecem-se com a união coisas diminutas que, juntas, enfrentam forças superiores. A união faz com que componentes distintos se transformem em um corpo possante e resistente.

A união é a mais fiel proposta da palavra força.

21

MITOMANIA

"[...] Dissemos que os Espíritos superiores não vêm senão em reuniões sérias e naquelas onde, sobretudo, reine uma perfeita comunhão de pensamentos e de sentimentos para o bem. A leviandade e as questões ociosas os afastam, como entre os homens distanciam as pessoas razoáveis; o campo, então, fica livre à turba de Espíritos mentirosos e frívolos, sempre à espreita de ocasiões para zombar e se divertir às nossas custas.[...]"

(O Livro dos Espíritos – Introdução VIII)

Mitomania é um distúrbio de personalidade em que o doente tem uma tendência compulsiva pela mentira. Essa enfermidade é também conhecida como mentira obsessivo-compulsiva.

Os mitômanos mentem com tanta convicção que são capazes de crer piamente nos próprios engodos. Fazem da mentira a base estrutural da própria vida, agindo assim em todos os seus relacionamentos interpessoais. Querem colher os fictícios frutos que não possuem: de consideração, reconhecimento, importância e prestígio nas áreas familiar, espiritual, mediúnica, profissional.

Acredita-se que a incerteza do valor pessoal e as crenças de baixa autoestima que a criatura apresenta, provém muitas vezes da infância desajustada, e/ou da tentativa de se proteger de situações em que se sentiu oprimida ou envergonhada e, outras tantas coisas.

O mitômano quer ser estimado e acolhido a qualquer preço, tanto na vida social como na religiosa, esportiva, amorosa e outras tantas mais. Ele não consegue abandonar o hábito de mentir tão facilmente, pois essa rotina torna-se parte integrante do seu modo de se relacionar. Se não mais mentir, sente fortes sensações de fracasso e desmoralização.

Causas prováveis da mitomania:

• A necessidade de aceitação aparece quase sempre em todos os mentirosos compulsivos. Há casos em que o mitômano acredita que ninguém irá gostar dele como realmente é, por isso cria uma autoimagem mística, para que as pessoas possam acreditar que ele tem poderes e faculdades sobrenaturais.

• A baixa autoestima é outro ponto em comum entre os mitômanos; nesses casos, as fraudes estão relacionadas a conceitos de superioridade; ostentação e façanhas excêntricas que o mentiroso diz a respeito de si mesmo. Esses embustes têm como objetivo fazê-lo se sentir superior diante dos outros.

• A necessidade de chamar atenção, e de atrair interesse e arrebatamento, faz com que o mitômano fale de forma acadêmica, exibindo conhecimentos literários, artísticos ou científicos como se os dominasse perfeitamente. É pseudológico – usa lógicas ditas transcendentes para justificar suas bravatas e maquiar suas histórias esdrúxulas.

Os mitômanos fazem das suas revelações a imagem dos filmes de ficção científica, na qual a imaginação constrói cenários excêntricos para satisfazer a vaidade dos Espíritos, encarnados ou não, fascinadores.

22

MOMENTO PRESENTE

"Não vos inquieteis, pois, pelo dia de amanhã, porque o dia de amanhã cuidará de si mesmo. Basta a cada dia o seu mal."

(Mateus 6:34)

Na margem do rio, quando colocamos a mão na correnteza, ficamos sem saber se a água que tocamos é a última que fluiu ou a primeira que passa. Pois o tempo, assim como a água, também passa num zás-trás nas "mãos do presente".

Não fiquemos na expectativa do futuro. Vivamos proveitosamente o presente para não ter que encarar os fantasmas do passado, visto que não podemos determinar com exatidão onde termina o pretérito, começa o presente e se avista o porvir.

Como o tempo é algo que desliza sem interrupções, é dificílimo distinguir o presente, já que a cada espaço de tempo o presente vira passado, o que representa uma roda-viva infinita.

São poucos os que aproveitam viver bem e sabiamente, usufruindo as vantagens do hoje; a maioria espera o futuro para realizar o que poderia começar desde agora.

Quem vive do ontem deixa de viver o contentamento do hoje e perde a esperança do amanhã.

A única coisa que temos é o presente, com seus inúmeros apelos ao desenvolvimento e crescimento pessoal, bem como às diversas alternativas de agir, ou não agir.

Na realidade, as coisas do passado não podem ser alteradas; já as do presente e do futuro podem ser melhoradas a partir de agora. Portanto, este é o momento, o melhor dia para criar, executar, recomeçar e, sobretudo, para aprimorar-se.

23

MUNDO DOS ESPERTALHÕES

"E também houve entre o povo falsos profetas, como entre vós haverá também falsos doutores, que introduzirão encobertamente heresias de perdição, e negarão o Senhor que os resgatou, trazendo sobre si mesmos repentina perdição."

(II Pedro 2:1)

Plágio é o ato de copiar, imitar ou assinar, parcial ou totalmente, obra alheia, apresentada como própria.

Nas florestas da Austrália, a ave-lira mistura todos os cantos e sons, fazendo sua versão particular, inclusive emitindo, à maneira de gorjeio, a barulheira das cidades, como alarmes de carro, sirene etc.

Relatam os ornitólogos que ela tem mais ou menos cem centímetros, possui plumagem castanha na parte superior do corpo e plumagem cinzenta na inferior, além de asas arredondadas e pés fortes. A ave-lira é uma das maiores depois da águia e do corvo comum.

Essa espécie é muito conhecida pela sua magnífica capacidade de plagiar muito bem os sons da floresta, simulando o cantar de quase todas as aves. Suas imitações são tão boas que chegam a ser uma cópia exata do original. Quase sempre o grupo de animais das outras espécies imitadas é totalmente enganado.

Infelizmente vivemos em um mundo de espertalhões, onde vige também uma enorme gama de "aves-lira". Assim como elas, há na sociedade homens que se deixam levar por esse tipo de atitude: são inseguros e desprovidos de sintonia e criatividade, por não terem o dom que tanto almejam, e passam a viver à custa das obras dos outros, sem nunca realizar a própria missão existencial.

Equivocam-se, entretanto, aqueles que creem que o plágio é só o texto copiado com as mesmas palavras por outro indivíduo.

A imitação pode ser classificada como completa – texto fielmente reproduzido; parcial – apresenta partes ou páginas inteiras que se cortam e se enxertam em outra produção literária, sem nenhuma referência à fonte real; quer dizer, uma montagem, por exemplo, de fragmentos de capítulos de uma obra; conceitual – revela características que se assemelham demasiadamente aos livros de outro escritor; composições ou trechos de inúmeros parágrafos inspirados na essência de obra alheia, utilizados por pessoas que se apropriam, de forma leviana, de ideias e trabalhos de terceiros.

Criatividade é um talento cujo valor não tem preço, e não pode ser entendido por espíritos vulgares. As pessoas podem roubar projetos de criação, mas não podem clonar a honestidade e o espírito criativo de quem os idealizou.

Os homens "aves-lira" querem ser estimados por dotes intelectuais que não são seus e reverenciados por talentos que não possuem. Fiquemos alertas, seguindo a recomendação de Jesus quando disse: "Guardai-vos dos falsos profetas que vêm a vós cobertos de pele de ovelhas, e que por dentro são lobos rapaces".

Bom senso e discernimento serão sempre o recurso do verdadeiro cristão.

24

NADA É PERMANENTE

"[...] Oh! é uma pungente angústia essa! Mas que pode melhor, nessas circunstâncias, revelar a coragem moral que o conhecimento das causas do mal e a certeza de que, se há extrema aflição, não há desesperos eternos, porque Deus não pode querer que a sua criatura sofra sempre? [...]"

(O Evangelho segundo o Espiritismo – Capítulo 14 – item 9 – Boa Nova Editora)

Nada é permanente; podemos recomeçar agora e refazer tudo o que fizemos, dando um novo final às nossas vidas.

Se formos flexíveis, voltaremos atrás com facilidade, pois não devemos ter nenhum "pacto imutável" com o erro, nem ficar ruminando equívocos do ontem, pensando e repensando seguidamente em algo que não executamos bem. Não deixemos que os deslizes e equívocos do passado tenham controle sobre nós.

Não precisamos de uma autorização dos nossos desacertos para viver bem agora. Façamos as pazes com nosso passado, ou então vamos passar longo tempo de nossa vida nos martirizando.

O passado não existe mais, e o futuro ainda vai existir; então, comecemos a viver bem a partir de agora.

Tudo está em constante transformação. A impermanência faz parte de nossa condição humana, e o mundo em que vivemos também sofre contínuas mutações; portanto, o apego a algo ou a alguém representa a ilusão da criatura pretensiosa, que acredita deter a marcha dos acontecimentos e tudo reter.

Quando compreendemos o significado da impermanência, percebemos que as coisas mudam o tempo todo e que nada é permanente; pais, cônjuges e filhos assumem novos papéis no quadro da família em reencarnações porvindouras; laços de afeto se renovam; e patrimônios trocam de mãos.

Ninguém se livra de perdas e partidas; assim como a alegria, nenhuma amargura será eterna.

Aqueles que aderiram a um modo de viver baseado na rigidez do homem foram de certa forma malsucedidos em suas realizações pessoais e espirituais. No entanto, aqueles que optaram pela evolução, pela transformação e pelo desenvolvimento tiveram mais sucesso como seres humanos.

Nossa existência não é formada de modo rígido, considerando apenas as experiências do ontem; ela é constituída, sobretudo, nas livres escolhas do momento presente.

25

NÃO HÁ OUTRA FORMA

*"Rogo ao Deus de nosso Senhor Jesus Cristo,
o Pai da glória, vos dê um espírito de sabedoria
que vos revele o conhecimento dele; que ilumine
os olhos do vosso coração [...]."*

(Efésios, 1:17,18)

Muitos de nós acreditamos que poderíamos nos livrar de todos os conflitos ou problemas se mudássemos de residência, cidade ou país; se conhecêssemos novas pessoas; se arrumássemos outro emprego, e outras tantas coisas mais.

Esquecemo-nos, no entanto, de que, para onde quer que vamos, levaremos a nós mesmos. Não há como fugir daquilo que se é ou se sente. Se estivermos confusos ou deprimidos em um dado momento, estaremos confusos ou deprimidos onde quer que estejamos.

Devemos entender que não adianta fugir do cenário exterior. Somos nós – unicamente nós – que devemos mudar o cenário interior.

Quando decidimos deixar um relacionamento insano em busca de um mais sadio, levando conosco os mesmos hábitos, atitudes e crenças, vamos sintonizar e encontrar criaturas do mesmo nível e padrão. Não podemos esperar por resultados diferentes se continuarmos sentindo e pensando do mesmo jeito. Isso não é mudança.

Assim, levamos a cada novo relacionamento os velhos problemas, medos e limitações cultivados há longo tempo. Logo nos encontraremos, portanto, no mesmo ponto de partida, frustrados e infelizes, pois tentamos buscar fora o que não temos por dentro. É preciso iluminar "os olhos do vosso coração", ou seja, enxergar, antes de tudo, os conteúdos da própria intimidade.

Não há como se esquivar nem fugir: as transformações terão de ser internas, e não externas. Não há outro caminho.

26

AMAS O TEU DESEJO...

"[...] quantos não há que creem amar perdidamente, porque não julgam senão sobre as aparências, e quando são obrigados a viver com as pessoas, não tardam a reconhecer que isso não é senão uma admiração material [...]."

(O Livro dos Espíritos – Questão 939 – Boa Nova Editora)

Sinto-me só! Ninguém me ama... Que fazer diante de tal provação?

Devo considerar isso um carma?

Antes de tudo, não culpes o passado pelos teus conflitos amorosos.

Não te faças de vítima do destino, mas sim busca as causas reais que provocam a tua dor.

Cuidado com a armadilha da fantasia! Não percas teu discernimento.

Em tempo algum fizeste algo para os outros de forma incondicional. Teu amor ainda é condicional. Observa aquele a quem amas; procura vasculhar teu íntimo e verás que não o amas simplesmente, e sim buscas as sensações agradáveis que ele te proporciona. Tu amas o teu desejo, não o ser almejado.

Não te tornes alienado, mas tenta perceber onde começa a irrealidade...

Jamais te submetas de modo real ou imaginário a ninguém.

Não deixes tua felicidade depender de coisas que não estão em tuas mãos.

Basta de buscar amores e amores...

Não transites pela avenida da tua dor de forma mecânica e irrefletida; aceita, primeiramente, tua inconsciência sobre o amor.

Lembra-te: para viver a dois, é preciso – antes de qualquer coisa – buscar a realidade e viver bem contigo mesmo.

27
O QUE IMPORTA É O HOJE

"[...] Quando Jesus chegou àquele lugar, olhou para cima e disse-lhe: Zaqueu, desce depressa; porque importa que eu fique hoje em tua casa [...]."

(Lucas, 19:5)

Somos donos de nosso destino. Devemos aprender a nos manter de pé, a ser nós mesmos e a assumir a própria vida.

Ontem é o passado que não volta jamais.

Hoje é a realização do tempo presente.

Amanhã é a construção das obras do hoje.

Culpa e vergonha por atos passados apenas nos servirão de entraves.

O melhor meio de reparar o que passou é procurar a conduta responsável no momento atual.

Disse Jesus a Zaqueu: "[...] porque importa que eu fique *hoje* em tua casa [...]".

Não te prendas às dores e mágoas do pretérito; isso somente te fará vibrar nas correntes enfermiças do desajuste e do desequilíbrio.

Vive de maneira digna e aperfeiçoa-te no dia de hoje. Os teus atos de agora te seguem como a sombra acompanha a estrutura física.

Esforça-te neste momento; somente assim tua vida terá um futuro pleno e feliz.

Toda hora temos a oportunidade de experimentar novos ensinamentos existenciais, aprender algo novo ou alguma lição que possa ser somada à existência atual. Cada dia é único, portanto, faça valer a pena e esteja sempre receptivo ao novo.

Soluçar no presente por uma amargura do passado é recriar outra aflição; é soluçar outra vez.

O passado sempre será passado. Deixa-o passar...

O futuro estará em tuas mãos se abençoares o teu hoje com boas obras.

28

OBSTÁCULOS À AUTONOMIA

"Só os Espíritos superiores o vêem e o compreendem; os Espíritos inferiores o sentem e o adivinham."

(O Livro dos Espíritos – Questão 244 a – Boa Nova Editora)

O indivíduo livre desenvolveu a capacidade de se autogovernar; conseguiu separar aquilo que lhe é útil do que não lhe serve, ou seja, desvencilhou-se com discrição das pessoas e coisas que lhe faziam mal.

Ele traz consigo autonomia – possui um território pessoal no qual pode se manifestar como ser humano por direito próprio, buscando seus anseios e objetivos pessoais.

A leveza de sua vida foi pautada com força e determinação diante de empecilhos e dificuldades existenciais; ele vive a arte de superá-los e traça seu caminho ao caminhar.

Eis alguns obstáculos que impedem a autonomia e a liberdade de se conduzirem por si sós:

• comparar-se com os outros e buscar desempenhos plagiados;

• ser permissivo consigo mesmo e superexigente com o próximo;

• acreditar-se invulnerável e estabelecer expectativas que não pertencem ao domínio humano;

• superestimar a própria inteligência, subestimando a alheia;

• desrespeitar os outros, incutindo-lhes as próprias ideias e conceitos;

• impor-se diante de tudo e de todos.

Para a pessoa inconsciente de si mesma, o papel que julga correto desempenhar não é viver em autonomia, e sim concentrar-se no outro, ou seja, permanecer fixada nele, sem conseguir reconhecer as próprias necessidades como algo que exista dentro dela e que realmente deseje. Ela só tem consciência de suas aspirações e seus desejos caso essas mesmas aspirações e desejos existam igualmente no semelhante e/ou parceiro ou sejam por ele expressos.

29

PÃO DA VIDA

"[...] Amai, pois, vossa alma, mas cuidai também do corpo, instrumento da alma; desconhecer as necessidades que são indicadas pela própria Natureza é desconhecer a lei de Deus [...]."

(O Evangelho segundo o Espiritismo – Capítulo 17 – Item 11 – Boa Nova Editora)

"Nem só de pão vive o homem, mas, sobretudo, da palavra de Deus."

O texto evangélico nos traz reflexões profundas a respeito da relação "pão da vida" e "pão de trigo".

Obviamente, quando nos referimos ao "pão de trigo", falamos do alimento físico propriamente dito.

Há uma via de mão dupla entre corpo e alma, entre alimento material e alimento espiritual.

A alma se reflete no corpo e vice-versa. A vida plena é como essa via: muitas vezes, não é proibida a ultrapassagem, mas é preciso observar o conjunto de sinais (luminosos, visuais, acústicos) utilizados como meio de comunicação.

"Nem só de pão vive o homem" propõe que são muito importantes as coisas da Terra, mas muito mais as coisas do céu.

Cuidar do corpo e da alma – eis a proposta de qualidade de vida, ou seja, uma meta para bem viver.

De forma figurada, podemos dizer que a prudência e a cautela são necessárias quando se envolvem corpo e alma nos conflitos da existência humana. Podemos mudar nosso destino – para pior ou para melhor – de acordo com nossos atos e atitudes.

Alerta! Atenção! Sejamos cuidadosos na ultrapassagem pelas estradas da vida!

30

PROGRAMAÇÃO DIVINA

"Não se vendem dois passarinhos por um ceitil? e nenhum deles cairá em terra sem a vontade de vosso Pai. E até mesmo os cabelos da vossa cabeça estão todos contados"

(Mateus 10: 29,30)

Não importam a cor nem a espécie da flor; as pétalas são, invariavelmente, desiguais entre si.

Os horizontes de cada amanhecer e de cada anoitecer são completamente diferentes a cada dia.

As listras dos tigres e das zebras de uma mesma ninhada se diferenciam por detalhes quase imperceptíveis.

O gorjeio de dois pássaros de uma mesma espécie é aparentemente igual, mas, prestando-se mais atenção, serão percebidas notas dessemelhantes.

Deus nos criou originais, ou seja, inéditos, singulares; cada um de nós foi feito como um ser distinto, para executar tarefas particulares na Terra. Contribuindo de forma diversa, cada criatura realizará o próprio labor evolutivo.

Tiremos os olhos da comparação em relação aos outros; coloquemos os olhos em nós mesmos, lembrando-nos: cada ser é alvo de uma programação divina para viver de maneira inusitada neste planeta.

31
REFLEXÃO SOBRE A VINGANÇA

"[...] A vingança é uma inspiração tanto mais funesta quanto a falsidade e a baixeza são suas companheiras assíduas; com efeito, aquele que se entrega a essa fatal e cega paixão não se vinga quase nunca a céu aberto.[...]"

(O Evangelho segundo o Espiritismo – Capítulo 12 – item 9 – Boa Nova Editora)

Na condição de espíritos, domiciliados ou não na Terra física, vivemos frequentemente mais agitados do que serenos. A agitação ou irritabilidade mental é um traço comum da humanidade no atual estágio evolutivo.

Por isso, não é raro lançarmos acusações e impropérios uns aos outros, sem nos dar conta do nosso estado de inconsciência, ou seja, de tudo o que fazemos de forma mecânica, sem acessar a consciência – campo muitas vezes inatingível para certos indivíduos, levando em conta seu nível de percepção. Precisamos desenvolver a arte de olhar para dentro de nós.

O que está por trás da aflição da ofensa? Equivocadamente, achamos que apenas a maneira pela qual fomos tratados é que nos fez sofrer de forma sistemática, esquecendo-nos, entretanto, das nossas marcas emocionais reprimidas que ampliam a nossa dor do agora.

A vingança ocorre quando o indivíduo não consegue perceber seu íntimo enrijecido por velhas dores mal resolvidas. Ao sofrer uma ofensa, crê que sua amargura será sanada somente quando houver vingança. Como não pode se vingar de si mesmo, torna-se um acusador, um perseguidor feroz e implacável, ignorando que a vingança por si só não cura agressão física e verbal, na maioria das vezes, pelo contrário, só as agrava.

Não existe grandeza de caráter sem bondade, assim como não existe vingança sem mediocridade.

Quem está em perfeita harmonia não se encoleriza, mas quem está em discordância e incoerência consigo mesmo vive sempre armado, pois se acredita invadido e maltratado segue sempre inseguro. Como não fica tranquilo, acusa os outros da sua intranquilidade.

Mais do que nos fixarmos em atitudes e palavras, é preciso mudar pensamentos e crenças. Antes de investirmos no sentimento de vingança, devemos reavaliar as experiências vividas e buscar ajustar nossas deficiências interiores, para não repetirmos as mesmas reações precipitadas. Reações essas que resultarão em novos sofrimentos, ofuscando os verdadeiros motivos que impulsionam nosso modo de agir desastroso.

32
REINO DOS CÉUS VERSUS CIDADES ESPIRITUAIS

"[...] Ele veio ensinar aos homens que a verdadeira vida não está sobre a Terra, mas no reino dos céus; ensinar-lhes o caminho que para lá conduz, os meios de se reconciliar com Deus, e os prevenir sobre a marcha das coisas futuras para o cumprimento dos destinos humanos [...]."

(O Evangelho segundo o Espiritismo – Capítulo I – Item 4 – Boa Nova Editora)

Conhecer Deus significa estar ciente de sua presença íntima, cultivando um sagrado relacionamento, genuíno e crescente, com Ele.

Jesus Cristo, frequentemente, dava vital importância ao Reino dos Céus como sendo a morada de Deus em nós. Como de hábito, voltamos os olhos para fora, e não para dentro – nunca conseguimos perceber as riquezas de nosso reino interior.

Para dar início a essa relação, precisamos realizar em nós uma experiência de religiosidade.

É fundamental distinguir a diferença entre o plano espiritual, que rodeia todos os seres humanos, e o Reino dos Céus, ao qual se referia o Cristo Jesus. Essa distinção parece óbvia; entretanto, a maioria se preocupa muito mais em saber coisas sobre a pátria espiritual do que sobre a união ou identificação com o Soberano Poder do Universo.

Quando desencarnamos, vamos para o mundo espiritual e levamos conosco o mundo íntimo. Não ignoremos que o Reino dos Céus começa em nosso próprio coração, sendo esse o primeiro lugar onde devemos trabalhar por ele.

Na atualidade, o drama dos indivíduos é a perda da religiosidade, por se acharem distanciados da capacidade de viver um sentimento de conexão com Deus. O que se opõe à religiosidade não é o ateísmo nem a irreligião, mas a inabilidade de nos religarmos com o Criador e com nossos semelhantes.

Não dependemos absolutamente de um templo ou de um altar, nem de nos tornarmos membros de uma religião; precisamos, sim, integrarmo-nos a uma convicção mais profunda e sagrada.

Inúmeras vezes compramos livros que descrevem cidades celestes e submundos umbralinos. Ficamos fascinados por descrições atraentes e narrações fora do comum da vida astral; deslumbrados por capas fantasiosas, títulos tenebrosos, romances e contos sem valor reflexivo, dramas atemorizantes. Há ocasiões em que temos o disparate de adquiri-los sem nos dar conta de que apenas distraem nossa ponderação e reflexão. A casa mental entretida bloqueia a fonte sapiencial existente em nosso cerne.

A função principal da religiosidade é nos religar a todas as coisas e à fonte donde promanam todos os seres: Deus.

Assim, as cidades espirituais e descrições correlatas poderão esclarecer e ampliar nossa sabedoria; não obstante, apenas a iluminação interior é que nos fará despertar do sono profundo em que vivemos, tirando-nos do estado de inconsciência espiritual.

Os dois lados da vida (físico e extrafísico) não nos preenchem totalmente; a plenitude só ocorre quando edificamos o Reino dos Céus dentro de nós mesmos, isto é, a conexão com o mundo sagrado. Eis a verdadeira essência da vida: ela se encontra dentro de nós.

33
SILENCIAR – A SEGURA ORIENTAÇÃO

"[...] o homem sábio guarda silêncio. O perverso trai os segredos, enquanto um coração leal os mantém ocultos."

(Provérbios, 11:12,13)

Momentos de silêncio nos garantem uma orientação segura e clareza de pensamento. Sair de quando em quando do burburinho nos torna seres humanos calmos e saudáveis.

Para crescer e nos desenvolver, precisamos, de tempos em tempos, afastar-nos do agrupamento em que vivemos; ficar longe do caos das cidades; distanciar-nos de familiares e amigos problemas, para que possamos encontrar a lucidez necessária a fim de escolher a direção mais sensata e segura rumo ao progresso.

Em nosso desenvolvimento cultural, concede-mos um impressionante poder às palavras. Elas podem levantar ou derrubar, alegrar ou aborrecer, aconchegar ou afastar. Algumas delas têm o efeito de ferir, mas outras tantas o de promover a cura. Por isso, devemos identificar, antes de tudo, a intenção que jaz silenciosa além das palavras.

As feridas da alma deixam cicatrizes profundas. Há dores que melhor se expressam quando não ditas. Quando as palavras não são capazes de exprimir o sofrimento, o silêncio pode ser mais eloquente. Aliás, o silêncio, em algumas ocasiões, tem mais força do que centenas de palavras.

Prestar atenção na exterioridade chama-se dis-tração. Voltar para dentro de si mesmo se denomina atenção. Distração significa afastar-se; atenção quer dizer concentração.

Nem todas as verdades são para todos os ouvidos; muitas vezes, elas são compreendidas somente após desenvolvermos a habilidade de escutar em silêncio.

34
SIMPLESMENTE FELIZ

"Tenho-vos mostrado em tudo que, trabalhando assim, é necessário auxiliar os enfermos, e recordar as palavras do Senhor Jesus, que disse: Mais bem-aventurada coisa é dar do que receber."

(Atos 20:35)

Estarmos voltados egoicamente para nós mesmos distorce a naturalidade das situações que acontecem em nosso derredor. Muita atenção centralizada em nós altera e desfigura os fatos e acontecimentos.

Encontramos no dia a dia inúmeras oportunidades de repetir velhos hábitos, bloqueando, desta forma, a mente para outras tantas coisas que acontecem à nossa volta. Oportuno lembrar que é alienação continuar fazendo exatamente a mesma coisa, repetindo-a várias vezes, e esperar resultado diferentes.

Vale a pena fazer coisas supostamente pequenas, mas que muito nos enriqueçam, a nós e aos outros. Não precisamos fazer muito. Pequenos gestos e olhares mudos tocam mais o coração do que palavras ocas e sem sentido. Não procure na exterioridade o que está enraizado em pormenores, em atos singelos.

A maioria das criaturas humanas não ouve com a intenção de entender, mas sim com a intenção de rebater.

Simples atitudes ou certas iniciativas nos permitem uma existência feliz. Seguem algumas sugestões:

• Faça as pazes com o passado, para que ele não cause dano ao presente.

• Quando estiver em dúvida, aja cautelosamente.

• A vida terrena é de duração limitada, por isso não perca tempo odiando alguém.

• Verta lágrimas com um amigo; é mais curativo do que chorar sozinho.

- O tempo cura quase tudo. Ele é o melhor conselheiro.

- O que as pessoas fazem e falam não é da sua conta.

- Nunca se compare com ninguém. Não temos noção de como é a vida alheia.

- Sempre opte por um novo tempo. O melhor está por vir.

- O que realmente importa é se, de fato, existiu, ou existe, amor.

O sagrado templo da alma é adornado por pequenos gestos – quase imperceptíveis, mas cheios de significados para o divino que reside em nossa intimidade.

Seja simplesmente feliz do jeito que você é, pois nada é definitivo. Entenda a esterilidade da vaidade, a petulância das rixas, a imbecilidade da cobiça e o despropósito dos rancores e ressentimentos.

35

SINGULARIDADE E AMOR

"[...] o amor cobre a multidão dos pecados."

(I Pedro, 4:8)

As aves buscam os céus; as cobras, as tocas; as borboletas, as flores; as corujas, a noite...

Tudo está certo, pois cada um de nós tem o direito de ir para o céu a seu modo.

As borboletas não são melhores do que as corujas, e vice-versa; ambas agem de acordo com os desígnios da natureza.

Deus criou as aranhas e as moscas, os gatos e os ratos, os lobos e os cordeiros. Nenhum ser é mau; cada um vive a normalidade de sua natureza, tendência ou espécie. Cada criatura busca as coisas segundo sua essência, uma vez que sabe amar a seu modo; e esse modo pouco importa – o essencial é que ame.

Aves não podem desejar ser cobras, tampouco cobras vivem como aves. Laranjeiras que quisessem produzir mangas sofreriam danos que resultariam em decepção e destruição.

Seremos plenamente livres no exato instante em que não mais buscarmos em algo ou alguém fora de nós mesmos a solução de nossos problemas.

Se um dia erraste na caminhada existencial, lembra-te de que "o amor cobre a multidão dos pecados". Portanto, procura amar sempre de acordo com tua singularidade, respeitando a tudo e a todos. Assim, estarás executando o projeto que Deus criou somente para ti; por conseguinte, encontrarás a felicidade que tanto procuras.

36
SOBRE CREDIBILIDADE OU AVAL DAS MENSAGENS

"Aquele, porém, que se gloria, glorie-se no Senhor. Porque não é aprovado quem a si mesmo se louva, mas, sim, aquele a quem o Senhor louva."

(II Coríntios 10:17,18)

Todo ensinamento ou livro moral, por si sós, têm o crédito ou o aval do exemplo de quem o escreve e publica.

Nem todas as obras recebem uma ponderada "carta de apresentação". O que acontece é que quem escreve o prefácio, a pedido do autor, é quase sempre uma pessoa convidada por motivo de amizade, sintonia, identidade de princípios, a qual se sente devedora de "certa amabilidade", demonstrada em sua avaliação e comentários. Aliás, não se pede prefácio a um "inimigo"...

Nome e preâmbulo de um livro nem sempre falam de seu conteúdo real; muitas vezes, são ali colocados pelo autor para impressionar, podendo até ser considerados um apelo de consumo.

Vai aqui um alerta ao leitor na hora da compra de uma obra: o título e o prefácio não garantem necessariamente suas virtudes e qualidades, nem atestam seu conteúdo e o caráter do autor.

Para tudo nesta existência encontra-se um remédio; analogamente, nas estantes de uma livraria... Sempre haverá uma oferta de "medicamentos editoriais" para qualquer ocorrência da vida ou dificuldade pela qual o indivíduo esteja passando.

O ardil vem da ilusão de "receituários" que oferecem soluções rápidas, que atraem e deslumbram, fazendo-nos abrir mão dos recursos de ponderação, reflexão, análise e avaliação crítica.

Livro bom é o que faz a criatura expandir a consciência sobre a vida pessoal e ampliar a visão de mundo, e não aquele que apenas traz prescrições prontas e soluções imediatistas – que consideram tão somente uma face ou um aspecto das dificuldades, com respostas decrépitas e antiquadas, objetivando aliviar todos os conflitos existenciais de uma só vez...

A boa notícia é que existem muitos recursos na atualidade que ajudam separar o joio do trigo, ou seja, apartar o livro que ajuda daquele que só distrai.

37

SUBMISSÃO

"Porque onde estiver o vosso tesouro, ali estará também o vosso coração."

(Lucas, 12:34)

Embora não notemos com clareza, Deus sempre atende a nossas preces.

Ele responde a todas as nossas súplicas; no entanto, é preciso ter humildade e clareza de espírito para entender suas respostas.

O ponto culminante da oração é aceitar o que Deus concedeu para nós. E, a partir daí, não se preocupar mais em receber o que imaginávamos precisar, mas sim legitimar o que o Criador decidiu nos conceder.

O que ocorre é que temos visão e compreensão restritas, e, portanto, não conseguimos enxergar os outros caminhos que a Divina Providência nos oferece.

O papel da prece não é causar uma modificação nas leis de Deus em benefício de quem pede, mas, sobretudo, iluminar o cenário íntimo daquele que ora.

Nossa súplica não deve insistir no "eu quero", nem revelar caprichos e anseios sem nexo; em nossa rogativa saibamos utilizar frases como: "Seja feita Sua vontade" ou "Que assim seja, Senhor", em obediência à vontade e ao desejo do Princípio Absoluto.

A oração torna nosso peito diáfano, e só um peito translúcido pode interpretar os recados de Deus no santuário do coração.

Sobretudo, a submissão à Ordem Divina é o melhor meio de apresentarmos nossas rogativas ao Pai Celeste.

38

TUAS DORES

*"E não sede conformados com este mundo,
mas sede transformados pela renovação do vosso
entendimento, para que experimenteis qual seja
a boa, agradável, e perfeita vontade de Deus."*

(Romanos 12:2)

Não vejas a dor como castigo divino, mas como lição a ser aprendida.

Deus não castiga ninguém; ao contrário, perdoa incondicionalmente a tudo e a todos.

As leis divinas não são de reprimenda e mortificação, e sim de amor e misericórdia.

Tuas dores, porém, são criações de tuas atitudes e teus pensamentos negativos.

Seria bem melhor comemorares tanto os períodos tranquilos da vida como as épocas difíceis, visto que tudo tem seu propósito. Portanto, quando aceitares todas as experiências como necessárias para a tua evolução, removerás o espírito de inconformação sistemática que costumas cultivar há longo tempo.

Renova tuas ideias, pensando no bem maior, e terás tuas dores amenizadas cada vez mais. A dor é tão natural quanto o contentamento. De fato, só compreenderás a tribulação quando estabeleceres uma estreita correspondência com tuas experiências prazerosas.

Tu mesmo é que te punes; teus atos deseducativos na vida é que te constrangem. Faze uma retrospectiva de tua vida e poderás ver claramente a dor como grafia de um mapa de dádivas ocultas.

Reeduca-te com a visão dos ensinamentos universais e entrarás no fluxo da paz e da bonança.

39

OUVIDOS DE OUVIR

"Eu lhes falo por parábolas, porque vendo não veem, e escutando não ouvem nem compreendem."

(O Evangelho segundo o Espiritismo – Capítulo 24 – Item 3 – Boa Nova Editora)

Nossa arrogância ou receio, em muitas ocasiões, impedem-nos de aceitar novos conceitos tão necessários para o nosso crescimento espiritual. Defendemos ideias ultrapassadas, mesmo quando elas só nos tragam inflexibilidade e culpa diante da vida.

Cada criatura que encontramos traz consigo parte de uma verdade maior; e, por não possuirmos todas as respostas, precisamos aceitar a mutabilidade de nossos conhecimentos e concepções. Aliás, granjear novas ideias é algo que não vem sem relutância e desconforto.

O sábio busca entender aquilo que seu interlocutor está dizendo não somente pelas palavras, mas também por gestos, expressões e vibração da voz. Infelizmente, deixamos de treinar essa habilidade tão importante. Ficamos presos às nossas deduções sobre aquilo que estamos ouvindo e não vemos os sinais implícitos na fala. Por ser um homem sábio, Jesus nos alertou sobre esta fragilidade: escutamos, mas não ouvimos.

Se desejamos substituir esse modo de pensar autodestrutivo por um saudável, precisamos ter "ouvidos de ouvir", ou seja, necessitamos desenvolver uma mente empática perante o que o outro diz, obviamente usando o espírito de discernimento.

Quem sabe ouvir com clareza percebe a intenção por trás das palavras e dificilmente se deixa levar por elas, sejam de elogio ou crítica.

Disse Sigmund Freud: "O homem é dono do que cala e escravo do que fala. Quando Pedro me fala sobre Paulo, sei mais de Pedro que de Paulo".

Quando temos "ouvidos de ouvir", *sabemos que o que falas de mim fala mais de ti do que de mim!*

40

RESPEITO POR SI E PELO OUTRO

"Respeita nos outros todas as convicções sinceras, e não lança o anátema àqueles que não pensam como ele."

(O Evangelho segundo o Espiritismo –
Capítulo 17 – Item 3 – Boa Nova Editora)

Aprenda a evoluir passo a passo, sem desejar pular etapas. Precisamos caminhar e ter conquistas evolutivas paulatinamente.

Um passo importante no caminho é desenvolver o respeito. Primeiro respeito por si, para depois respeitar o outro em suas convicções.

Tenha respeito por aquilo que você sente. Aceite que as pessoas podem discordar do seu modo de agir, o que não significa rejeição por você.

Nem sempre é possível ter amor por todos, devido ao nosso atual estado evolutivo, mas respeito é algo que está ao nosso alcance.

Respeitar não quer dizer concordar com tudo o que o próximo faça. Quem respeita repreende o comportamento que considera inadequado e busca entender as razões que levaram a pessoa a ter esse determinado comportamento.

Quem não respeita agride o outro, porque não sabe conviver com diferenças.

Faça do respeito uma ferramenta de paz. Aceite os outros como são e se aceite do jeito que você é.

41
FELICIDADE SE CONQUISTA

"Hipócrita, tira primeiro a trave do teu olho e, então, verás bem para tirar o argueiro que está no olho do teu irmão."

(Mateus, 7:5)

Muitos conceitos que lemos ou ouvimos abalam de imediato a segurança e os alicerces de nossas velhas opiniões e crenças. Não podemos nos colocar na defensiva crendo que já sabemos tudo. Se não estivermos abertos a novas ideias, poderemos deixar passar lições que nos ajudariam a encontrar a paz interior.

Um dos principais segredos para alcançarmos a felicidade é gostar de nós mesmos. Isso não é egoísmo; egoísmo é querer que todos gostem de nós.

Devemos, sim, nos aceitar e aprimorar os atributos que já conquistamos.

Os infelizes são amargos; isso faz parte da infelicidade deles. Os felizes são dóceis; isso faz parte da doçura deles. Pessoas infelizes possuem o hábito de implicar com tudo e com todos.

É preciso perceber que a infelicidade, muitas vezes, não passa de uma sineta a nos alertar sobre a trilha em desencontro com nossas motivações interiores que estamos tomando.

Não queira viver a vida do próximo; provavelmente, estando no lugar dele, você não saberia ser feliz. Existem inúmeras diferenças entre as pessoas; o que traz felicidade para um nem sempre tem o mesmo efeito com outro.

Felicidade não é objeto produzido em série e que se adquire como se compra um produto. Ela é fruto de conquista. Nem mesmo um anjo guardião, que ama seu protegido, tem o poder de fazê-lo feliz.

Comece se observando. O que você gosta de fazer? Quais são suas aptidões? Está disposto a pagar o preço para ter a felicidade que tanto deseja?

Verifique se está trabalhando pela sua felicidade através de ações ou se está somente no campo teórico, esperando que ela caia do céu.

Enquanto não formos em busca daquilo que queremos, jamais estaremos bem, e corremos o risco de ficar lamentando, achando que somente os outros têm a chance de serem felizes.

42

NÃO CEDA À CRÍTICA

"A censura lançada sobre a conduta de outrem pode ter dois motivos: reprimir o mal ou desacreditar a pessoa cujos atos se criticam; este último motivo não tem jamais desculpa, porque é da maledicência e da maldade."

(O Evangelho segundo o Espiritismo – Capítulo 10 – Item 13 – Boa Nova Editora)

Incriminar ou acusar é uma válvula de escape dos infelizes. Estes, por possuírem um enorme desajuste interno, criam desmedida pressão interna e, por consequência, apontam impropérios e criticam metodicamente os outros.

A impulsividade da crítica tem raiz na própria insegurança sobre o significado maior da vida.

Será que sabemos, definitivamente, o que é melhor para nossos parentes e amigos? Estamos aptos a oferecer da noite para o dia felicidade às criaturas de Deus? Podemos reconstruir ou renovar alguém repreendendo-o? Quem somos nós para oferecer felicidade aos filhos do Pai? Somente pioramos a situação quando tentamos criticar e corrigir as pessoas como se fossem crianças desaforadas e irresponsáveis. O dom da renovação está no imo de cada um de nós. É concessão do Poder Superior agindo em suas criaturas.

Quantos entes queridos desistem pelo simples fato de não terem recebido apoio ou por terem sido avaliados negativamente? Não critique; eduque.

Para ter sucesso, é necessário despertar os valores adormecidos no imo do indivíduo. As ervas daninhas da crítica não podem ser mais fortes que o desejo do lavrador em ver seu sonho de semeadura se realizar.

Não desista por conta de críticas e opiniões desfavoráveis. Cultive sempre seus sonhos e aguarde os frutos do sucesso, que serão colhidos no momento oportuno.

43

EXPERIÊNCIAS DE INFÂNCIA

"[...] se reúnem numa mesma família, ou num mesmo círculo, trabalhando em conjunto para seu mútuo adiantamento. [...]"

(O Evangelho segundo o Espiritismo – Capítulo 4 – item 18 – Boa Nova Editora)

Todos somos, em grande parte, limitados pelas próprias experiências vivenciadas na infância. Nosso modo ou norma de proceder e a forma de pensar e sentir – consciente ou inconscientemente – são produtos de comportamentos e reações de nossos pais diante da vida.

Se não tivermos uma percepção clara disso, admitindo que trazemos em nossa intimidade muitos atos e atitudes inadequados herdados de nossos familiares mais íntimos, estaremos destinados a perpetuá-los.

O ambiente familiar é uma escola de desenvolvimento humano na qual nos enriquecemos em uma troca mútua. É nele que aprendemos a nos conhecer melhor.

Os filhos aprendem com os pais, sendo o espelho deles, e vice-versa. Quase toda experiência adquirida, ontem ou hoje, inicia-se na convivência doméstica.

Há muitos indivíduos que abominam o modo de ser dos pais. Juram que jamais serão como eles, mas, para seu grande espanto, percebem-se um dia repetindo os mesmos erros e possuindo os mesmos hábitos incômodos, os mesmos cacoetes, deficiências e fraquezas.

A palavra convivência quer dizer contato diário ou frequente, ou seja, estar vivendo junto. No entanto, apenas viver junto não faz a convivência ser harmônica e rica; é preciso também o compartilhamento dos mesmos valores, tradições e costumes. O convívio nos leva a trocas de experiência, marcando e transformando nossas vidas; com ele adquirimos convicções positivas e negativas, bem como práticas de elevação ou de fracasso.

A antiga expressão "dize-me com quem andas e eu te direi quem és" indica a possibilidade de se saber as qualidades de uma pessoa, seja pela companhia que teve no passado, seja pela que tem no presente.

44
ASSISTIR A REUNIÕES OU APRENDER OUVIR E PENSAR

"Fizeram, naqueles dias, um bezerro de ouro e ofereceram um sacrifício ao ídolo, e se alegravam diante da obra das suas mãos."

(Atos, 7:41)

O simples ato de assistir a reuniões ou cultos religiosos não resolve nossos problemas existenciais da noite para o dia.

Podemos ser vistos pelo público presente, e até sermos inspirados pelo que ouvimos, mas nosso progresso será diminuto se não ficarmos atentos e conscientes ao que estamos ouvindo. A casa mental dispõe de canais perceptíveis dispostos a discernir e aprender bem mais do que se possa imaginar.

Frequentar reuniões ou cultos religiosos sem saber ouvir nem pensar leva as pessoas a falsas interpretações e, além disso, a cometer erros difíceis de se reparar depois. "A sutileza em ouvir é o caminho mais curto para o saber."

Presença descontínua, instável e dispersa pode ser considerada como adoração a um "bezerro de ouro", assemelhando-se a uma participação sem reflexão, aleatória e irrefletida. É similar a promessas feitas e não cumpridas, que se tornam prejudiciais e impedem o progresso, pois ficam conosco como se fossem pesos inúteis na casa mental, recordando-nos de nossa falta de vontade e determinação.

Na linguagem corrente, a expressão "bezerro de ouro" tornou-se sinônimo de um falso ídolo, ou de um falso "deus", simbolicamente podendo ser considerado como estar presente embora "às cegas". Mesmo com os olhos abertos, alguns não enxergam a realidade. Já diziam os antigos sábios: "A cegueira que cega cerrando os olhos não é a maior cegueira; a que cega deixando os olhos abertos, essa é a mais cega de todas [...]".

Depois de algum tempo, quando paramos de adorar o "bezerro de ouro" e vemos a vida com lucidez, constatamos a sutil diferença entre dar a mão e colocar grilhões em uma alma; aprendemos a diferença entre andar junto e andar em conjunto; aprendemos que não temos que mudar os outros, e sim esperar que eles próprios mudem por si mesmos. E então nos damos conta do quanto vale a pena estar presentes e conscientes no aqui e agora.

45

INQUIETAÇÕES

"Quando vos atinge um motivo de inquietação ou de contrariedade, esforçai-vos por superá-lo, e, quando chegardes a dominar os ímpetos da impaciência, da cólera ou do desespero, dizei-vos com justa satisfação: 'Eu fui o mais forte'."

(O Evangelho segundo o Espiritismo – Capítulo 5 – Item 18, Boa Nova Editora)

Absolutamente nada acontece ao ser humano para o qual ele não tenha sido preparado, pela Divina Providência, para superar e tolerar.

Vivemos atualmente um crescente paradoxo: olhamos para fora e queremos que nosso mundo interno – emoções, sentimentos e percepções – flua na mesma velocidade da tecnologia do mundo externo. Como não toleramos esperar a naturalidade do tempo, sofremos a dor da inquietude – algo que se assemelha a uma ferida interna, fazendo-nos arder de ansiedade.

Inquietação é o resultado de uma ou várias atividades tumultuadas que realizamos durante o dia, uma espécie de pressa interna que cada vez mais quer acelerar os acontecimentos. Não temos mais tempo para sentir, pensar e agir.

Deixar que as criaturas amadas cresçam, evoluam e passem por experiências inquietantes, que competem só a elas enfrentar, é algo que exige de nós coragem e aceitação. Aliás, precisamos admitir que, nesta vida, temos responsabilidade unicamente sobre nós mesmos, sem nenhum controle sobre os outros.

Não é fácil nos desligarmos de alguém com quem desejamos dividir a estrada da vida. No entanto, precisamos aceitar que cada um de nós está destinado a receber ensinamentos particulares e únicos, diferentes dos de outras pessoas, sejam elas quem forem. Cada um deve encontrar a própria maneira de evoluir, progredir e prosperar, seguindo a jornada para a qual foi criado.

É sempre oportuno reservarmos alguns minutos do dia para desacelerar: ficar em silêncio, respirar com calma e nos entregar à prece. Quando nos aquietamos interiormente, conseguimos nos desligar da agitação e deixamos de lado as energias negativas com as quais nos conectamos sem perceber.

As necessidades da alma não são aquelas que resultam em inquietação. Nosso Eu Superior busca sempre o estado de serenidade. Nele haurimos inspiração, permanecendo assim unidos às faixas vibratórias superiores, que nutrem e acalmam nosso ser.

46

MUDANÇA DE PARADIGMA

" [...] nosso serviço realiza-se conforme a renovação do Espírito e não mais sob a autoridade envelhecida da letra."

(Romanos 7:6)

A mudança de paradigma nos alarga os horizontes, sem permitir que rejeitemos ideias diferentes só porque não nos são comuns.

Às vezes nos acostumamos a certas definições e, a partir disso, condicionamo-nos a fazer as coisas de determinada forma, negando pensar que não existem outras formas de fazê-las.

FELICIDADE – é a certeza de que nossa existência não está transcorrendo inutilmente.

SOLIDÃO – não há maior solidão do que a da criatura sem amizades.

SAUDADE – quando se ama, uma pequena ausência assemelha-se a um imenso tempo que parece não ter começo nem fim.

LEMBRANÇA – a recordação não é só sobre o tempo que passou; ela motiva igualmente o tempo que virá.

DESESPERO – as sementes da solução estão encravadas na terra de nosso próprio desespero.

ANGÚSTIA – a causa da maior das angústias é ter perdido a fé em si mesmo.

AMIZADE – a ausência de amigos faz com que o mundo pareça um enorme deserto inabitado.

PREOCUPAÇÃO – nada mais é do que um jeito inadequado de usar a imaginação.

INTUIÇÃO – o gênio é intuído sem esforço, ao contrário de outros, que só desvendam algo despendendo enorme energia.

CERTEZA – é aquilo que os amantes de fato querem: a confiança plena de que são correspondidos no amor.

RENÚNCIA – só se renuncia a bens e valores conquistados com legitimidade; um homem não pode renunciar àquilo que não tem por direito de fato.

SUCESSO – o velocímetro do sucesso do homem é medido pela quantidade de "olhos-grandes" dos invejosos que o rodeiam.

VAIDADE – não existem níveis de vaidade; há apenas níveis de capacidade em dissimulá-la ou ocultá-la.

VERGONHA – quem transgride quase sempre fica enrubescido; a verdadeira ingenuidade, no entanto, não tem vergonha de nada.

ORGULHO – é parente bem próximo da prepotência e da ignorância.

AMOR – é um estado do Ser. Não está do lado de fora; está bem lá dentro de nós.

PAIXÃO – desejo de que o outro corresponda a expectativas criadas pelas nossas fantasias.

CULPA – é quando pensamos com insistência que podíamos ter feito as coisas de modo diferente, quando geralmente não tínhamos condições de agir assim.

DESILUSÃO – é quando a sombra do desengano toma conta de nossos anseios, desobedecendo nossa vontade de querer mais luz.

TRISTEZA – é na busca da felicidade que encontramos a tristeza, pois ambas andam de mãos dadas.

LUCIDEZ – é clareza de ideias e expressão; uma luz que acende na alma.

SENTIMENTO – não é aquilo que os outros querem que seja, mas sim nossa expressão viva de satisfação, deleite, encanto e gosto. Não podemos escolher a preferência, mas sim escolher o que fazer com ela.

RAIVA – se usarmos a passividade em uma ocasião de raiva, evitaremos muitos problemas nas situações seguintes.

ALEGRIA – tristeza e alegria são nossas companheiras de viagem; estão sempre nos ensinando algo na caminhada evolucional.

PERDÃO – não é a negação dos próprios sentimentos; não é ser "apático" com os erros alheios, mas sim desenvolver a nobre tarefa de nos compreender e compreender os outros.

DESEJO – faculdade humana de almejar; de escolher por meio de sentimentos e vontades; livre-arbítrio.

Tudo à nossa volta tem o poder de nos afetar e infectar. Não te deixes infectar por crenças negativas; ao contrário, deves te deixar afetar por crenças e ações positivas.

47

O HOMEM QUE SE DESCOBRIU

"O olho é a lâmpada do corpo. Se teu olho é são, todo o corpo será bem iluminado; se, porém, estiver em mau estado, o teu corpo estará em trevas."

(Lucas 11:34)

O homem que se descobriu é aquele que aprendeu seus limites. Tem autoconsciência – consciência que reflete sobre si próprio, sobre sua condição e seus processos internos.

Respeita invariavelmente o modo de os outros verem a vida, bem como suas decisões e ideais, pois aprendeu a ver com clareza a linha divisória entre ele e os demais.

Os indivíduos sem conhecimento de si mesmos são excessivamente dependentes; não suprem e não satisfazem os próprios desejos e necessidades. Apesar de muitos deles já possuírem certa lucidez de suas carências, ainda assim continuam despendendo enorme energia na tentativa de convencer ou manipular uma ou mais pessoas para que realizem tudo aquilo que poderiam fazer por si próprios.

Quem crê na própria força não fica na dependência da firmeza e da segurança alheias.

O homem que se descobriu sabe que não deverá fazer consenso da opinião alheia, porque, apesar de respeitá-la, guia-se por si mesmo, escutando a voz de seu coração.

Consenso é a concordância ou uniformidade de opiniões, pensamentos, sentimentos, crenças e outras tantas coisas, da maioria de criaturas de uma coletividade.

O homem que se descobriu não procura ser normal, mas sim original e natural, porque sabe que cada um traz uma bagagem peculiar no bojo de sua evolução espiritual. O *número de série* do ser humano é a própria alma, que se traduz fisicamente pelo semblante ou fisionomia de cada indivíduo.

O homem que se descobriu é aquele que aprendeu a amar de modo verdadeiro, pois se desapegou das querelas da vida, preocupando-se com seu reino interior. Quem ama realmente tem capacidade de adaptação, compreensão e docilidade infantil, além de afeição baseada em admiração, aceitação fundamentada na compreensão e perseverança diante de situações difíceis.

Afirma Jesus Cristo, o homem que realmente se descobriu: "O olho é a lâmpada do corpo. Se teu olho é bom, todo o teu corpo se encherá de luz. Mas, se ele é mau, todo o teu corpo se encherá de escuridão. Se a luz que há em ti está apagada, imensa é a escuridão" (Lucas, 11:34).

48

O QUE DIZEM QUE EU SOU

"Que dizem os homens quanto ao Filho do Homem? Quem dizem que eu sou?"

(O Evangelho segundo o Espiritismo – Capítulo 4 – Item 1 – Boa Nova Editora)

Não se deixe levar por aquilo que os outros pensam a seu respeito. Tenha muito cuidado; o que você pensa sobre você poderá elevá-lo ou rebaixá-lo.

No grau de evolução em que vivemos, quase todos os homens são fraudes. A única diferença é que alguns admitem isso e aceitam a mudança, abandonando o comportamento rebelde e tomando juízo.

Autenticidade é para quem quer levar a vida sem o incômodo ou a opressão do peso ilusório das máscaras.

A opinião das pessoas não pode influenciá-lo sem mais nem menos. Valide o que é bom em você e decida se modificar de forma pausada e adequada.

O que pensa a respeito de si próprio tem o poder de conduzi-lo pela vida afora.

Evite, portanto, dar atenção aos comentários maldosos que as pessoas lançam sobre seu jeito de ser e agir. Nunca permita se conduzir pela opinião alheia; pense por si só, e sempre com cautela, ponderação e prudência.

Cuidado também com elogios e aplausos. Eles podem entorpecê-lo e criar uma imagem ilusória de sua realidade.

Há indivíduos que, por mais que sejam observados, não se pode interpretar seu interior, pois são pura dissimulação. É digna de pena a criatura que se veste com uma roupagem psicológica chocha ou oca, pois nunca satisfaz ninguém e deixa sempre muito a desejar.

Celebre seu modo de ser, sentindo que cada uma das partículas minúsculas, eternas e indivisíveis que existem em você vivem para concretizar aquilo que não se pode evitar: sua alteridade. Lembre-se: autenticidade jamais é para quem não quer fazer esforço, mas sim para quem quer levar a vida sem o confinamento das máscaras.

Pondere bem. Quando sentir que uma crítica é real, não tenha receio e trabalhe para mudar. Quando, porém, ouvir algo que não condiz com aquilo que você é, desconsidere e continue sua caminhada com serenidade.

49

SEJA VOCÊ MESMO

"A coragem da opinião sempre foi considerada entre os homens, porque há mérito em afrontar os perigos, as perseguições, as contradições, e mesmo os simples sarcasmos, aos quais se expõe, quase sempre, aquele que não teme confessar claramente ideias que não são as de todo o mundo."

(O Evangelho segundo o Espiritismo – Capítulo 24 – Item 15 – Boa Nova Editora)

O que temos de mais importante no mundo são nossos dons inatos e valores próprios.

Quando confiamos em nosso valor como seres humanos, filhos de Deus, passamos a depender unicamente de nosso característico poder de decisão e, assim, tomamos decisões que nos beneficiam e confortam amplamente.

Estejamos aqui ou em dimensões extrafísicas, estaremos sempre atraindo e convivendo com criaturas que se assemelham a nós.

As pessoas são importantes por vários motivos; um deles é que, no convívio com elas, descobrimos quem somos em essência, por isso elas merecem nosso respeito e consideração.

O perigo é quando nos traímos, tentando convencer as pessoas de algo que não somos. Elas podem até acreditar, mas estarão convivendo com alguém que não existe.

Mude seu comportamento, mas não sua forma de ser. Aprenda com seus desacertos, mas não desista de ser aquilo para que foi criado. Enquanto não se legitimar, você não será coisa nenhuma...

É melhor sermos rejeitados por aquilo que somos do que sermos aceitos pela idealização de alguém imaginado pelos nossos desejos e aspirações.

Quem nos ama verdadeiramente aceitará conviver tanto com nossos defeitos quanto com nossas qualidades.

Seja sempre você mesmo!

Lembre-se da orientação do Cristo: com efeito, que servirá a um homem ganhar todo o mundo e perder a si mesmo?

Av. Porto Ferreira, 1031 | Parque Iracema
CEP 15809-020 | Catanduva-SP
www.**boanova**.net | boanova@boanova.net

 17 3531.4444
 17 99777.7413
@boanovaed
boanovaed
boanovaeditora

Acesse nossa loja

Fale pelo whatsapp